الطّائرُ النّاطِق

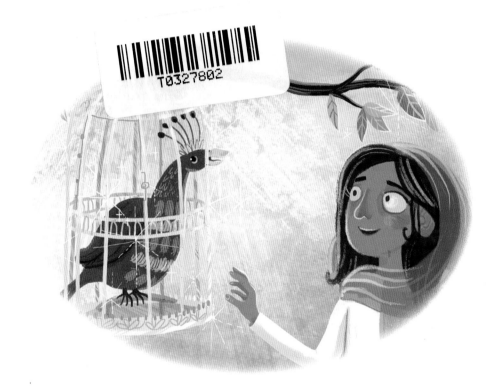

بِقَلَم: سافيور بيروتّا
بريشة: لويس بيغات

Collins

الفَصْلُ الأَوَّل

كانَ العَمُّ رشيدٌ يَعْمَلُ رَئيسًا للمُزارِعينَ في حَدائِقِ المَلِكِ
الّتي كانَتْ أجْمَلَ الحَدائِقِ في الشَّرْقِ، وأَبْهاها مَنْظَرًا.
وعلى الرَّغْمِ مِنْ أَعْمالِهِ الكثيرةِ، كانَ العَمُّ رَشيدٌ يَشْعُرُ بالوَحْدةِ،
فَهُوَ يَعيشُ لِوَحْدِهِ بَعدَ وَفاةِ زَوجَتِهِ، وليسَ لَدَيهِ أَطْفالٌ يُرَبّيهِم، ويَهْتَمُّ بِهِم.

ذاتَ مَساءٍ، وبَيْنَما كانَ العَمُّ رشيدٌ يَمْشي بجانِبِ النَّهرِ في حديقةِ الزُّهور،
لَمَحَ شيئًا يَطْفُو على الماءِ بينَ سيقانِ النَّباتات. كانتْ سَلَّةً مَصْنوعةً مِنَ
الأغْصان. أَرْسَلَ العَمُّ رشيدٌ أَحَدَ المُزارِعينَ لِيُحْضِرَ لَهُ السَّلَّةَ، ويا لَلْمُفاجَأة!
كانَ في السَّلَّةِ طِفْلٌ رَضيعٌ، وكانَ يَمُصُّ إصْبَعَهُ مِنَ الجوع!

قالَ العَمُّ رشيدٌ: "يا لَهُ مِنْ طِفْلٍ مِسْكين! مَنْ تَرَكَهُ وَحيدًا هُنا يا تُرى؟".
قَرَّرَ العَمُّ رشيدٌ أن يأْخُذَهُ مَعَهُ إلى الْمَنْزِلِ لِيَعْتَنِيَ بِهِ، واخْتارَ لَهُ اسْمَ بَشير.

بعدَ مُرورِ عامٍ، وبَيْنَما كانَ العَمُّ رَشيدٌ يُلاعِبُ بَشيرًا في الحديقةِ،
رأى سَلّةً تَطْفو على ماءِ النَّهْرِ، وكانَ بِها أيضًا طِفْلٌ رَضيع.
كانَ الطِّفْلُ ذا عَيْنَيْنِ واسِعَتَيْنِ غامِقَتَيْن.

قالَ العَمُّ رَشيدٌ: "سَنُسَمّيهِ أَمينًا وسَيَكونُ أخاكَ الصَّغيرَ يا بَشير."

كانَ بَشيرٌ وأَمينٌ صَبِيَّيْنِ نَشيطَيْنِ يُحِبّانِ اللّعِب. أَخَذَهُما العَمُّ رَشيدٌ، ذاتَ مساءٍ، إلى الحديقةِ لِإطْعامِ البَجَعِ الّذي يعيشُ في النَّهر.
هل تَعْلَمونَ ماذا وَجَدوا في النَّهر؟ وَجَدوا سَلّةً بِها طِفلةٌ صغيرة!
كانَتِ الطِّفلةُ تَرْكُلُ السَّلّةَ بِقَدَمَيْها، وكأنَّها تُريدُ الخُروجَ مِنْها.

قالَ العَمُّ رَشيدٌ لِبَشيرٍ وأمين: "صارَتْ لَكُما أُختٌ الآن، يَبْدو علَيْها أنَّها جَريئةٌ، ما رَأْيُكُما في أن نُسَمِّيَها بَصيرة؟" فوافَقَ بَشيرٌ وأمينٌ على تَسْمِيَتِها بِهذا الاسْم.

كَبُرَ الأطْفالُ الثَّلاثة. كانوا يَعيشونَ بِسَعادةٍ معَ العَمِّ رَشيدٍ في كوخِهِ الصَّغيرِ في حَديقةِ المَلِكِ، يُدْخِلونَ السُّرورَ والبَهْجةَ إلى قَلبِه. وَلَّتِ الأيّامُ الّتي كانَ يَعيشُ فيها العَمُّ رَشيدٌ وَحيدًا لا يَجِدُ مَن يُؤْنِسُهُ ويُخَفِّفُ مِنْ وَحْدَتِه.

وفي أحَدِ الأيّامِ، قالَ العَمُّ رَشيدٌ لِأبْنائِهِ: "أَصْبَحْتُ كبيرًا جِدًّا في السِّنِّ، لِذَلِكَ قَرَّرْتُ أن أَتْرُكَ العَمَلَ الشَّهرَ القادِمِ. سَنُغادِرُ هذه الحَدائِقَ الجميلةَ، وسَنَنْتَقِلُ إلى مَنْزِلٍ فَخْمٍ وجميلٍ في الرّيف."

اشْتَرَى العَمُّ رَشيدٌ مَنْزِلًا في الرّيفِ، ومَلَأَهُ بِالأشْياءِ الثَّمينة. ضَمَّتِ المَكْتَبَةُ في المَنْزِلِ كُتُبًا كثيرةً مَصْنوعةً يَدَوِيًّا، وامْتَلَأَ قَفَصُ الطُّيورِ بِطُيورٍ نادِرةٍ وغَريبة، بَيْنَما ازْدَحَمَتْ غُرْفَةُ لَعِبِ الأطْفالِ بِالألْعابِ المُتَنَوِّعة.

ولكن يا لَلأَسَف! لَمْ يَعِشِ العَمُّ رَشيدٌ في المَنْزِلِ الجديدِ طويلًا. فبعدَ أن أكْمَلَتْ بَصيرةُ عامَها الثّاني عَشَرَ بِفَتْرةٍ قصيرةٍ، تُوُفِّيَ العَمُّ رَشيد. حَزِنَ الأطْفالُ الثّلاثةُ حُزْنًا شديدًا. ولَمْ يَسْتَطِعِ الطَّبّاخُ ولا خَدَمُ المَنْزِلِ أن يُخَفِّفوا مِن حُزْنِهِم.

وفي أَحَدِ الأَيَّامِ، قالَتْ مُدَبِّرَةُ المَنْزِلِ للأَطْفالِ الثَّلاثةِ: "لا يَنْبَغي أَن تَعيشوا في هذا الحُزْنِ طَوالَ حَياتِكُم. صَحيحٌ أَنَّ أَباكُم رَحَلَ، إِلّا أَنَّ ذِكْراهُ سَتَبْقى دائِمًا في قُلوبِنا."

قالَ بَشيرٌ مُوافِقًا، وهو يَفْتَحُ نَوافِذَ المَنْزِلِ الّتي ظَلَّتْ مُغْلَقَةً مُنْذُ وفاةِ أَبيهِم: "نعم، كَلامُكِ صَحيح. ذِكْرى أَبينا سَتَبْقى دائِمًا في قُلوبِنا."

نَظَرَتْ بَصيرةُ إلى أَخَوَيْها مُبْتَسِمةً، وقالَت: "سَنَعيشُ مَعًا في هذا المَنْزِلِ، وسَنَكْبُرُ مَعًا، ولَنْ يُفَرِّقَنا شَيءٌ أَبَدًا."

الفَصْلُ الثّاني

غادَرَ بَشيرٌ وأمينٌ المَنْزِلَ، وذَهَبا لِرُكوبِ الخَيْلِ. جَلَسَتْ بَصيرةُ بِمُفْرَدِها تَقْرَأُ كِتابًا في فِناءِ المَنْزِلِ بالقُرْبِ منَ النّافورةِ، بَيْنَما ذَهَبَ الخَدَمُ إلى السّوقِ لِشِراءِ حاجِيّاتِ المَنْزِل.

وَقَفَتْ سَيِّدَةٌ عَجوزٌ عِندَ بَوّابةِ المَنْزِل. كانَتْ تَضَعُ في يَدَيْها أَساوِرَ ذَهَبِيّة.

صاحَتِ السَّيِّدةُ: "هل هذا مَنْزِلُ رَشيدٍ الّذي كانَ مُزارِعًا في حَدائِقِ المَلِك؟"
أجابَتْها بَصيرةُ: "نعم، إنَّهُ هو"، ونَهَضَتْ لِتَفْتَحَ البَوّابةَ لِلسَّيِّدة.

قَبَّلَتِ السَّيِّدةُ العَجوزُ يَدَ بَصيرةَ احْتِرامًا لَها، وقالَتْ:
"أحْزَنَني خَبَرُ وَفاةِ أبيكُم الّذي كانَ صديقَ طُفولَتي.
سَمِعْتُ بأنَّهُ قَدْ بَنى بَيتًا رائِعًا في الرّيفِ، فَأَتَيْتُ لِأَراه.

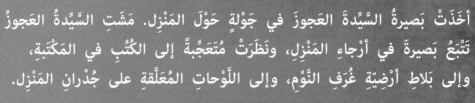

أخَذَتْ بَصيرةُ السَّيِّدةَ العَجوزَ في جَوْلةٍ حَوْلَ المَنْزِل. مَشَتِ السَّيِّدةُ العَجوزُ تَتْبَعُ بَصيرةَ في أرْجاءِ المَنْزِلِ، ونَظَرَتْ مُتَعَجِّبةً إلى الكُتُبِ في المَكْتَبةِ، وإلى بَلاطِ أرْضِيّةِ غُرَفِ النَّوْمِ، وإلى اللَّوْحاتِ المُعَلَّقةِ على جُدْرانِ المَنْزِل.

وعِنْدَما انْتَهَتِ الجَوْلةُ، قالَتِ السَّيِّدةُ العَجوزُ لِبَصيرة: "إنَّ هذا المَنْزِلَ آيةٌ في الجَمالِ حَقًّا، ولكن تَنقُصُهُ ثَلاثةُ أشياءَ لِيَكْتَمِلَ جَمالُه."

سَأَلَتْ بَصِيرَةُ بِلَهْفَةٍ: "وما هي هذه الأَشْياء؟"

أجابَتِ السَّيِّدَةُ، وهي تُحَرِّكُ ذِراعَيْها، فَرَنَّتِ الأَساوِرُ في يَدَيْها مُجَلْجِلَةً: "الشَّيْءُ الأَوَّلُ هو الماءُ المُتَراقِصُ لِلنَّافورة المَوْجودةِ في فِناءِ المَنْزِل، والشَّيْءُ الثَّاني هو الشَّجَرةُ الطَّروبُ لِلحَديقةِ، والشَّيْءُ الثَّالثُ هو الطَّائرُ النَّاطِقُ لِقَفَصِ الطُّيور."

الفَصْلُ الثّالِث

كانَتْ تِلْكَ هي المَرّةَ الأُولَى الّتي تَسْمَعُ فيها بَصيرةُ عن هذه العَجائِبِ. لِذَلِكَ رَغِبَتْ فيها بِشِدّةٍ، وخُصوصًا في الطّائرِ النّاطِق. فَكَّرَتْ بَصيرةُ أَنَّها سَتَلْهو مَعَهُ طَوالَ اليوم.

سَأَلَتْ بَصيرةُ بِلَهْفةٍ: "أينَ أجِدُ هذه الأشْياءَ العَجيبةَ يا جَدَّتي؟

قالَتِ السَّيِّدةُ العَجوزُ، وقَدْ بَدا على وَجْهِها الجِدُّ:
"عَلَيكِ أن تَتَّبِعي الطّريقَ الّذي يَبْدَأُ منَ البابِ الخَلْفِيِّ لِمَنْزِلِكُم، وتُسافِري عَبْرَ هذا الطَّريقِ لِمُدّةِ عِشرينَ يومًا وعِشرينَ لَيْلة. بَعْدَها سَتُقابِلينَ رَجُلًا حَكيمًا، وهو سَيُخْبِرُكِ عن مَكانِ هذه العَجائِب. ولكن كوني حَذِرةً، فالطَّريقُ مَحْفوفٌ بِالمَخاطِر!

عادَ بَشيرٌ وأمينٌ إلى المَنْزِلِ بعدَ مُغادَرةِ السَّيِّدةِ العَجوز. أخْبَرَتْ بَصيرةُ أخوَيْها بِحَماسَةٍ عَنِ الماءِ المُتَراقِصِ، والشَّجَرَةِ الطَّروبِ، والطّائرِ النّاطِق. كانَتْ مُتَلَهِّفَةً لِهذه العَجائِبِ الثّلاثِ الّتي سَتَمْلَأُ مَنْزِلَهُمْ بَهْجَةً وسُرورًا.

قالَ بَشيرٌ بِحَماسَةٍ بعدَ أن أَنْهَتْ أُخْتُهُ حَديثَها: "سَأَنْطَلِقُ حالاً بَحثًا عَنْ هذه العَجائِب، وسَأعودُ بِها إلى المَنْزِل."

رَدَّتْ بَصيرةُ بِقَلَقٍ: "ولَكن اِحذَرْ يا أخي العَزيز! فالسَّيِّدةُ العَجوزُ قالَتْ إنَّ الطَّريقَ مَحفوفٌ بالمَخاطِر."

اِسْتَلَّ بَشيرٌ من حِزامِهِ خَنْجَرًا مُرَصَّعًا بالجَواهِرِ، وأَعْطاهُ لِأُخْتِهِ، وقالَ: "أُنْظُري يا بَصيرةُ كُلَّ صَباحٍ إلى هذا الخَنْجَرِ، فَإنْ كانَ نَظيفًا لامِعًا، فَهذا يَعْني أَنَّني بِخَيْرٍ، ولَكِنْ إنْ تَحَوَّلَ لَوْنُهُ إلى الأَحْمَرِ، فَهذا يَعْني أنَّ مَكْروهًا أصابَني."

اِمْتَطَى بَشِيرٌ حِصانَهُ وانْطَلَقَ في رِحْلَتِهِ بَحثًا عنِ العَجائِبِ الثَّلاثِ.

ظَلَّ الخَنْجَرُ نَظِيفًا لامِعًا أيّامًا ولَيالِيَ عَدِيدةً إلى أنْ تَحَوَّلَ لَوْنُهُ، ذاتَ صَباحٍ، إلى اللَّونِ الأَحْمَرِ.

صَرَخَتْ بَصِيرةٌ وقَدْ أصابَها الخَوْفُ على أخيها: "يا خَوْفي! ثَمَّةَ مَكْرُوهٌ أصابَ أخي."

قالَ أمين: "سَأَنْطَلِقُ حالًا لإنْقاذِه."

نَصَحَتْهُ بَصِيرةُ قائِلَةً: "عَلَيكَ أنْ تكونَ أَكْثَرَ حَذَرًا مِنْ بَشيرٍ يا أخي، فأنا لا أُريدُ أنْ أَفْقِدَ أخَوَيَّ كِلَيْهِما."

أَخْرَجَ أَمينٌ عِقْدًا منَ اللُّؤْلُؤِ الأزْرَقِ من حَقيبَتِهِ، وأَعْطاهُ لِأختِهِ، وقالَ: "أُنْظُري كُلَّ مَساءٍ إلى هذا العِقْدِ، فإنْ ظَلَّ لَونُهُ أَزْرَقَ فَهذا يَعْني أنَّني بِخَيْرٍ، ولكن إذا تَحَوَّلَ إلى اللَّونِ الرَّمادِيِّ، فَهذا يَعْني أَنَّ مَكْروهًا قد أصابَني."

اِمْتَطى أَمينٌ حِصانَهُ وانْطَلَقَ في رِحْلَتِهِ لِإنْقاذِ أخيه. ظَلَّ العِقْدُ أَزْرَقَ زاهِيًا لِثَلاثَةِ أسابيعَ، ولكن، في وَقْتٍ مُتَأخِّرٍ ذاتَ لَيْلَةٍ، تَحَوَّلَ لَونُهُ إلى الرَّماديِّ الباهِت.

عَلِمَتْ بَصيرةُ أنَّ مَكروهًا أَصابَ أخَوَيْها، وأنَّ حياتَهُما في خَطَر.

الفَصْلُ الرّابِع

قالتْ بَصيرةُ لِمُدَبِّرةِ المَنْزِلِ: "ما كانَ عليَّ أنْ أَطْلُبَ منْ أخَوَيَّ البَحْثَ عنِ الطّائرِ النّاطِق. يَجِبُ أَن أَذْهَبَ فَوْرًا لإِنْقاذِهِما."

وَضَعَتْ بَصيرةُ السَّرْجَ على حِصانِها، واسْتَعَدَّتْ لِلسَّفَرِ بِسُرْعة.
اِنْطَلَقَتْ تَقْطَعُ الوِدْيانَ والسُّهولَ إلى أنْ وَصَلَتْ إلى غابةٍ كَثيفة.
وهناك، شاهَدَتْ نارًا بينَ الأشجارِ يَرْقُصُ حَولَها رَجُلٌ عَجوزٌ يَرْتَدي ثَوْبًا أَبْيَضَ طَويلًا، ويَعْتَمِرُ قُبَّعةً بُنّيّةً كبيرةً منَ الصّوف. كانَ وَجْهُهُ مُجَعَّدًا كالخَوْخِ المُجَفَّف.

قالَتْ بَصيرةُ: "مَرْحَبًا يا عَمّ. أنا أبْحَثُ عنْ أخَوَيَّ، هل رَأَيْتَهُما؟"

تَوَقَّفَ الرَّجُلُ العَجوزُ عنِ الرَّقْصِ، وجَلَسَ مُتَرَبِّعًا على الأرضِ، وطَلَبَ منْ بَصيرةَ أن تَجْلِسَ أيضًا. قَدَّمَ لَها بَعْضًا منَ الحَساءِ السّاخِنِ مِنَ القِدْرِ الّتي كانَتْ على النّار.

قالَ العَجوزُ: "مَرَّ شابّانِ مِن هنا. لا بُدَّ مِن أنَّ مَكروهًا أصابَهُما في الجَبَلِ المُظْلِم."

قالَتْ بَصيرةُ: "وكيف أُنْقِذُهُما؟"

قالَ العَجوزُ: "أنْصَحُكِ بأن تُواصِلي البَحْثَ عنِ الأَشْياءِ الثّلاثةِ الّتي خَرَجا لِلبَحْثِ عَنها. إن واصَلْتِ رِحْلَتَكِ سَتَعْثُرينَ على أَخَوَيْكِ حَتْمًا. يَبْدو لي أنَّكِ فَتاةٌ ذَكِيّةٌ جدًّا، ولَنْ تَقَعي في الفَخِّ الّذي وَقَعا فيه."

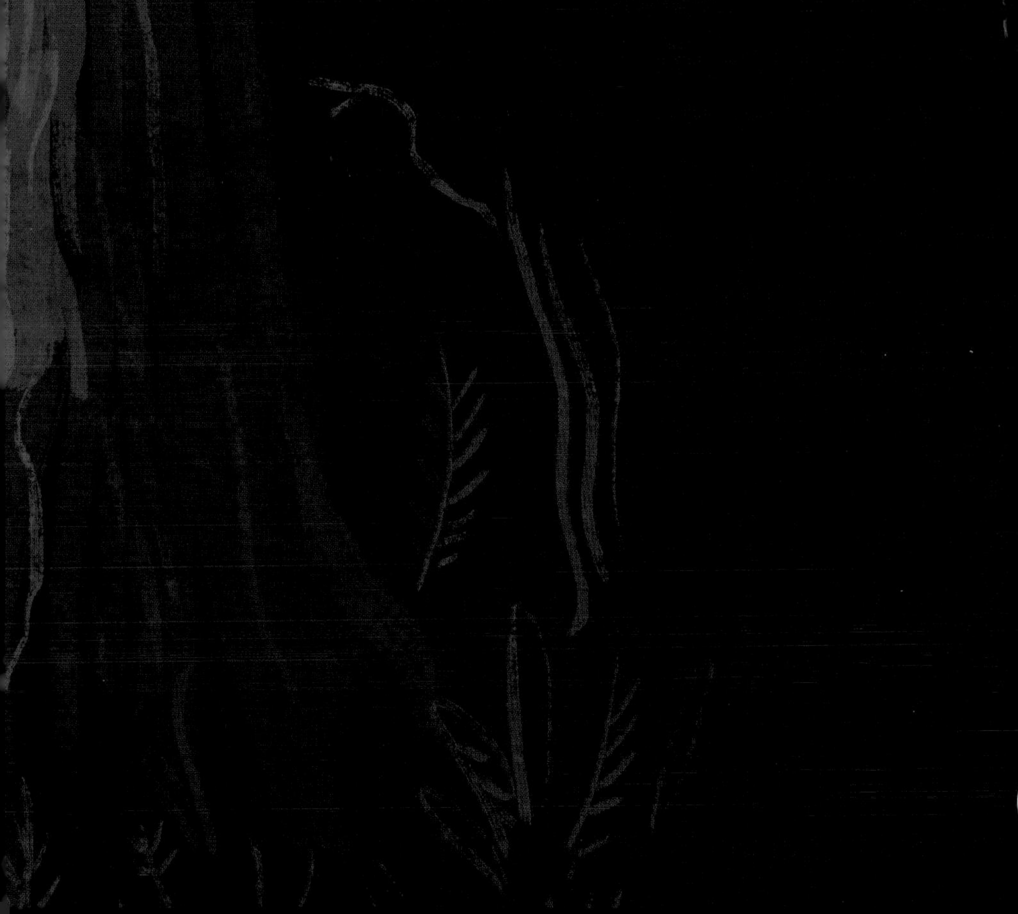

أعطَى الرَّجُلُ العَجوزُ كُرةً سَوْداءَ صغيرةً لِبَصيرةَ، وقالَ:

"بعدَ أن تَمْتَطي حِصانَكِ، اِرمي هذه الكُرةَ على الطَّريقِ، وسَتَتَدَحْرَجُ أمامَكِ لِتُرْشِدَكِ إلى مكانِ أخَوَيْكِ. اِتْبَعيها حَتَّى تَصِلي إلى سَفْحِ الجَبَلِ المُظْلِم. هناك، سَتَجِدينَ طَريقًا ضَيِّقًا شديدَ الانْحِدارِ، وعلى جانِبَيْهِ صُخورٌ ضَخْمة. إيّاكِ أن تَنْظُري إلى هذه الصُّخورِ مُباشَرةً أوْ أن تَتَحَدَّثي معَها إن خاطَبَتْكِ، وإلّا تَحَوَّلْتِ إلى صَخْرةٍ كإحداها."

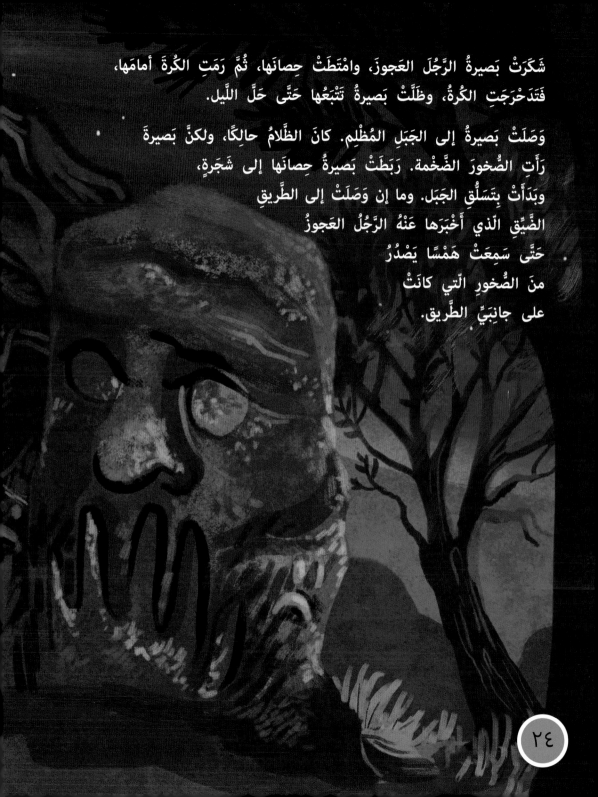

شَكَرَتْ بَصيرةُ الرَّجُلَ العَجوزَ، وامْتَطَتْ حِصانَها، ثُمَّ رَمَتِ الكُرَةَ أمامَها، فَتَدَحْرَجَتِ الكُرةُ، وظَلَّتْ بَصيرةُ تَتْبَعُها حَتَّى حَلَّ اللَّيل.

وَصَلَتْ بَصيرةُ إلى الجَبَلِ المُظْلِم. كانَ الظَّلامُ حالِكًا، ولكنَّ بَصيرةَ رَأَتِ الصُّخورَ الضَّخْمة. رَبَطَتْ بَصيرةُ حِصانَها إلى شَجَرةٍ، وبَدَأَتْ بِتَسَلُّقِ الجَبَل. وما إن وَصَلَتْ إلى الطَّريقِ الضَّيِّقِ الّذي أَخْبَرَها عَنْهُ الرَّجُلُ العَجوزُ حَتَّى سَمِعَتْ هَمْسًا يَصْدُرُ مِنَ الصُّخورِ الّتي كانَتْ على جانِبَيِّ الطَّريق.

سَمِعَتْ صَوْتًا يَقولُ: "أنا أشْعُرُ بِالبَرْد!"

وصَوْتًا ثانيًا يَقولُ: "وأنا أشْعُرُ بِالعَطَش!"

وآخَرَ يَقولُ: "وأنا أشْعُرُ بِالخَوْف!"

عَلِمَتْ بَصيرةُ أنَّ هذه الأصْواتَ تَصْدُرُ منَ الصُّخورِ، وتَذَكَّرَتْ تَحْذيرَ الرَّجُلِ العَجوزِ: "إيَّاكِ أن تَنْظُري إلى هذه الصُّخورِ مُباشَرةً، أوْ أن تَتَحَدَّثي مَعها إن خاطَبَتْكِ، وإلَّا تَحَوَّلْتِ إلى صَخرةٍ كَإحْداها."

ثُمَّ سَمِعَتْ صَوْتًا مُنْبَثِقًا مِنْ إِحْدَى الصُّخُورِ أَصَابَها بِالفَزَعِ. كَانَ يَقُولُ:
"أَنا جائِعٌ، أَعْطِيني شَيْئًا لِآكُلَهُ يا بَصيرة."

تَعَرَّفَتْ بَصيرةُ على صاحِبِ الصَّوْتِ. كانَ صَوْتَ أَخيها بَشير. لا بُدَّ مِنْ أَنَّهُ تَحَوَّلَ
إلى صَخْرةٍ لِأَنَّهُ تَحَدَّثَ إلى الصُّخورِ. ثُمَّ سَمِعَتْ صَوْتَ أَخيها أَمينٍ يُخاطِبُها:
"أَنا خائِفٌ يا بَصيرة، ضُمِّيني إِلَيْكِ."

أَرادَتْ بَصيرةُ أَن تُطَمْئِنَ أَخَوَيْها، وأَن تُخْبِرَهُما أَنَّها سَتَبْذُلُ
ما في وِسْعِها لِإنْقاذِهِما، ولكن بِدونِ أَن تَتَحَدَّثَ إِلَيْهِما.
نَظَرَتْ بَصيرةُ حَوْلَها، فَرَأَتْ نَباتَ القُطْنِ على جانِبِ الطَّريقِ.
اِنْتَزَعَتْ بَصيرةُ بَعْضَ القُطْنِ، وَوَضَعَتْهُ في أُذُنَيْها حَتَّى لا تَسْمَعَ أَصواتَ أَخَوَيْها.

ومعَ شُروقِ الشَّمسِ، وَصَلَتْ بَصيرةُ إلى قِمّةِ الجَبَلِ.

الفَصْلُ الخامِس

على قِمّةِ الجَبَلِ، رَأَتْ بَصيرةُ شَجَرةً كبيرةً تَنْعَكِسُ ألْوانُ أَوْراقِها الجميلةُ على بِرْكةِ ماءٍ تَقَعُ تَحتَها. ومنْ أَحَدِ أغْصانِها، يَتَدَلّى قَفَصٌ فيهِ طائرٌ جَميل. كانَ يَبْدُو كالياقوتةِ الحَمْراءِ المُشِعّةِ تحتَ ضَوْءِ الشّمس.

ظَلَّتْ بَصيرةُ تَنْظُرُ إليْهِ مُنْدَهِشةً منْ ريشِهِ الطّويلِ الجميل.

فَتَحَ الطّائرُ مِنْقارَهُ، لكنَّ بَصيرةَ لمْ تَسْمَعْ أيَّ صَوْت. ثُمَّ تذَكَّرَتْ أنَّها سَدَّتْ أُذُنَيْها بالقُطْنِ سابِقًا، فَأزالَتِ القُطْن.

سَمِعَتْ صَوْتَ الطّائرِ يُحَدِّثُها: "صَباحُ الخَيْر! يا لَهُ مِنْ شُروقٍ رائعٍ، أَلَيْسَ كَذَلِك؟"

كادَ قَلْبُ بَصيرةَ يَتَوَقَّفُ منَ الفَرَح. فَها هو الطّائرُ النّاطِقُ يَتَحَدَّثُ إلَيْها.

سألَتْ بَصيرةُ الطّائِر: "أنا أبْحَثُ عنِ الشَّجَرةِ الطَّروبِ، والماءِ المُتَراقِصِ، هل تَعْلَمُ أين يُمْكِنُ أن أجِدَهُما؟"

أجابَها الطّائرُ: "سَأُخْبِرُكِ بِمَكانِهِما شَرْطَ أن تَأْخُذيني مَعَكِ. فأنا أعيشُ لِوَحْدي هنا، وأشْعُرُ بالوَحْدةِ الشّديدة. يَبْدو عَلَيْكِ أنَّكِ أميرةٌ، وسَتَفينَ بِوَعْدِكِ لي."

رَدَّتْ بَصيرةُ: "أنا دائمًا أَفي بِوُعودي. ولَكِنَّكَ مُخْطِئٌ في ظَنِّكَ أنَّني أميرةٌ، فأنا لَسْتُ إلّا ابنةَ مُزارِعٍ."

عِنْدَها، أخْبَرَ الطّائرُ بَصيرةَ: "سَتَجِدينَ الماءَ المُتَراقِصَ على بُعْدِ خَمسينَ خَطْوةً إلى يَمينِ هذه الشَّجَرة. يَكْفي أن تأْخُذي كَمِّيّةً قَليلةً مِنهُ في قارورَتِكِ لِتَجْعَلي النّافورةَ تَتَراقَص، وسَتَجِدينَ الشَّجَرةَ الطَّروبَ على بُعْدِ خمسينَ خَطْوةً إلى يَسارِ هذه الشَّجَرة. هي لَيْسَتْ شَجَرةً واحدةً في الحَقيقةِ، هي مَجْموعةٌ منَ الأشْجار، ولكن يَكْفيكِ أن تأْخُذي غُصْنًا مِن أيٍّ مِنْها، وسَيَنْمُو هذا الغُصْنُ لِيُصْبِحَ شَجَرةً طَروبًا."

تَبِعَتْ بَصيرَةُ إِرْشاداتِ الطّائِرِ، فَمَشَتْ خَمْسينَ خَطْوَةً إِلى يَمينِ الشَّجَرَةِ،
فَوَجَدَتْ نَبْعًا يَتَدَفَّقُ ماؤُهُ مِنْ بَيْنِ الصُّخورِ. كانَ الماءُ يَتَراقَصُ وهوَ يَتَدَفَّقُ.
وكانَتْ قَطَراتُ الماءِ تَلْمَعُ تحتَ أَشِعَّةِ الشَّمْسِ كأنَّها فُصوصٌ مِنَ الأَلْماسِ.
مَلَأَتْ بَصيرَةُ قارورَتَها، وعادَتْ إِلى الطّائِرِ النّاطِقِ. عِنْدَما وَصَلَتْ إِلَيْهِ،
مَشَتْ خَمْسينَ خَطْوَةً إِلى يَسارِ الشَّجَرَةِ الّتي يَقِفُ عَلَيْها.

سَمِعَتْ بَصيرةُ صَوْتَ الشَّجَرةِ الطَّروبِ قبلَ أن تَصِلَ إلَيْها.
كانَ صَوْتُها أَشْبَهَ بِتَغْريدِ سِرْبٍ منَ العَصافيرِ عِندَ الفَجْرِ.
وكانَ كُلُّ عُصْفورٍ يُغَنّي فَرِحًا بِشَمسِ الصَّباحِ الدّافِئة.

أخَذَتْ بَصيرةُ غُصْنًا منَ الشَّجَرةِ وثَبَّتَتْهُ تحتَ حِزامِها، ثُمَّ قالَتْ لِلطّائرِ النّاطِق:
"الآنَ، عَلَيْنا أن نَذْهَبَ لإنْقاذِ أخَوَيَّ قبلَ مُغادَرةِ الجَبَلِ المُظْلِم."

الفَصْلُ السّادِس

قالَ الطّائرُ: "يَجِبُ أن تَغْمُري شالَكِ بِماءِ البِرْكَةِ، وعِنْدَما نَعْبُرُ بِجانِبِ الصُّخورِ الضَّخْمةِ، انْثُري الماءَ الّذي في الشّالِ على الصُّخورِ، ولكن دونَ أن تَنْظُري إلَيْها. هل يُمْكِنُكِ فِعْلُ ذلك؟"

أجابَتْ بَصيرةُ بِعَزيمةٍ كبيرةٍ: "سَأَبْذُلُ قُصارَى جُهْدي لِفِعْلِ ذلك."
غَمَرَتْ بَصيرةُ الشّالَ بِماءِ البِرْكةِ حَتّى ابْتَلَّ تمامًا.

أخذَتْ بَصيرةُ تَنْثُرُ الماءَ على الصُّخورِ يَمينًا ويَسارًا، بَينَما هي تَنْزِلُ منَ الجَبَل. كانَتْ كُلُّ صَخْرةٍ تُطْلِقُ صَوْتًا خافِتًا "هِسْس هِسْس" عِنْدَما يُصيبُها الماءُ، ثُمَّ تَتَحَوَّلُ إلى رَجُل. وما إن وَصَلَتْ بَصيرةُ إلى سَفْحِ الجَبَلِ، حَتّى كانَتْ قد حَرَّرَتْ عَدَدًا كبيرًا منَ الرِّجال.

صاحَ بَشيرٌ: "لَقَدْ أنْقَذْتِ حياتَنا يا أُخْتي."

أَيَّدَهُ أَمينٌ قائلًا: "نعم، لَقَدْ أنْقَذْتِنا. نحن مَحظوظانِ لأنَّكِ أقْوَى مِنّا يا أُخْتي، ولأنَّكِ اسْتَمَعْتِ إلى نَصيحةِ الرَّجُلِ العَجوز."

بعدَ عِشْرينَ يَوْمًا، وَصَلَ الإخْوةُ الثَّلاثةُ إلى مَنْزِلِهم سالِمين.

الفَصْلُ السّابِعُ

اِنْتَشَرَتْ أَخْبارُ العَجائِبِ الثَّلاثِ في كُلِّ أَرْجاءِ الشَّرْقِ بِسُرْعة.

حَضَرَ الكَثيرُ مِنَ النّاسِ إلى مَنْزِلِ الإخْوةِ الثَّلاثةِ لِرُؤْيَتِها.

وفي يَوْمٍ مِنَ الأَيّامِ، وَصَلَتْهُمْ رِسالةٌ مِنَ المَلِكِ نَفْسِهِ يُخْبِرُهُمْ فيها أَنَّهُ سَيَزورُهُمْ لِرُؤْيةِ هذه العَجائِبِ.

تَساءَلَتْ بَصيرةٌ مُحْتارَةً: "ماذا نَطْهُو لَهُ يا تُرى؟"

أَجابَها الطّائِرُ النّاطِقُ: "إنَّ طَعامَ المَلِكِ المُفَضَّلَ هو الكوسا المَحْشُوّةُ بالأُرْزِّ."

قالَتْ بَصيرةُ: "إِذَنْ سَأَطْلُبُ مِنَ الطَّبّاخِ أن يُعِدَّ لَهُ هذا الطَّبَق."
هَمَسَ لها الطّائرُ النّاطِقُ: "ولكن اُطْلُبي مِنْهُ أن يَحْشُوَ الكوسا باللُّؤْلُؤِ عِوَضًا مِنَ الأَرُزّ."
قالَتْ بصيرةُ مُتَعَجِّبةً: "بِاللُّؤلُؤ؟ لَمْ أَسْمَعْ من قَبلُ عن شَخْصٍ يأْكُلُ لُؤْلُؤًا!"
طَمْأَنَها الطّائرُ: "ثِقي بي، ونَفِّذي ما أقولُ لَكِ."

اِنْدَهَشَ الْمَلِكُ عِنْدَ رُؤْيَتِهِ لِلْعَجائِبِ الثَّلاثِ، وأُعْجِبَ بِها كَثيرًا.
فَأَهْداهُ بَشيرٌ غُصْنًا مِنَ الشَّجَرِةِ الطَّروبِ كَيْ يَزْرَعَهُ في حَديقَتِهِ،
وأَهْداهُ أَمينٌ بَعْضًا مِنَ الْماءِ الْمُتَراقِصِ، ثُمَّ أَخْبَرَتْهُمْ بَصيرَةُ أَنَّ
الْغَداءَ جاهِزٌ وَدَعَتْهُمْ لِلْجُلوسِ وتَناوُلِ الطَّعامِ.

صاحَ المَلِكُ عِندَما رَأى طَبَقَ الكوسا المَحْشُوَّةِ باللُّؤْلُؤ:
"يا إلهي! مَنْ ذلكَ الأَحْمَقُ الّذي يَأْكُل لُؤْلُؤًا؟"

أجابَهُ الطّائِرُ النّاطِقُ الّذي كانَ يَجْلِسُ بِالقُرْبِ مِنْهُم:
"شَخْصٌ أَحْمَقُ، صَدَّقَ، مُنْذُ زَمَنٍ بَعيدٍ، أنَّ المَلِكَةَ وَلَدَتْ جَرْوًا،
وهِرَّةً، ولَوْحًا مِنَ الخَشَب.

اِرْتَبَكَ المَلِكُ مِمّا قالَهُ الطّائِرُ، وسَأَلَهُ وقَدِ اتَّسَعَتْ عَيْناهُ دَهْشَةً:
"ماذا تَقْصِدُ أيُّها الطّائِرُ؟"

ضَحِكَ الطّائِرُ النّاطِقُ، وقالَ: "أَلَمْ تُصَدِّقْ أَخَواتِ زَوْجَتِكَ عِندَما
أَخْبَرْنَكَ، قبلَ أَرْبَعَةَ عَشَرَ عامًا، أنّها وَلَدَتْ جَرْوًا لا إنسانًا؟

وبعدَ مُرورِ عامٍ على ذلك، أَلَمْ تُصَدِّقْهُنَّ مرّةً أُخْرَى
عِندَما أَخْبَرْنَكَ أنَّ زَوْجَتَكَ وَلَدَتْ هِرَّة؟"

اِعْتَرَفَ المَلِكُ قائِلًا: "نعم فَعَلْتُ، ولَقَدْ صَدَّقْتُهُنَّ
مرّةً ثالِثةً، قبلَ اثْنَي عَشَرَ عامًا، عِندَما أَخْبَرْنَني
أنّها وَلَدَتْ لَوْحًا مِنَ الخَشَب. عِندَها، غَضِبْتُ
جِدًّا مِنَ المَلِكةِ، وأَمَرْتُ بِسَجْنِها، وهي لا تَزالُ
في السِّجْنِ حَتَّى هذا اليوم."

قالَ الطّائرُ النّاطِقُ: ”كانَتْ أَخَواتُ المَلِكةِ يَشْعُرْنَ بالغيرةِ مِنْها لأنَّها أصْبَحَتْ مَلِكةً، لِذلك، أَرَدْنَ إيذاءَها. والحَقيقةُ أنَّ زَوْجَتَكَ وَلَدَتْ ثَلاثةَ أطْفالٍ أصِحّاء، وَضَعَتْهُمُ الأَخَواتُ في سِلالٍ وَرَمَيْنَ بِهِم في النَّهرِ الّذي في الحَديقة. كُنَّ يَتَمَنَّيْنَ أن يَغْرَقَ الأطفالُ أَوْ أن تَأْكُلَهُمُ التَّماسيحُ الّتي تَعيشُ في النَّهر. ولكنَّ العَجوزَ رَشيدًا الّذي كانَ يَعْمَلُ رَئيسًا لِلمُزارِعينَ في حَديقَتِكَ أنْقَذَهُم، وها هُم، الآن، أمامَكَ أَصِحّاءَ مُعافينَ يَتَناوَلونَ مَعَكَ الطَّعام.“

نَظَرَ المَلِكُ إلى وُجوهِ بَشيرٍ وأَمينٍ وبَصيرةَ، وقالَ مَسْرورًا: "أَنْتُمْ أبْنائي!" وضَمَّهُمْ إلى صَدْرِهِ، ثُمَّ قالَ: "سَأُطْلِقُ سَراحَ أُمِّكُمْ في الحالِ، وأَطْلُبُ مِنها أن تُسامِحَني. سَنَعيشُ كُلُّنا مَعًا، عائِلةً مُحِبّةً."

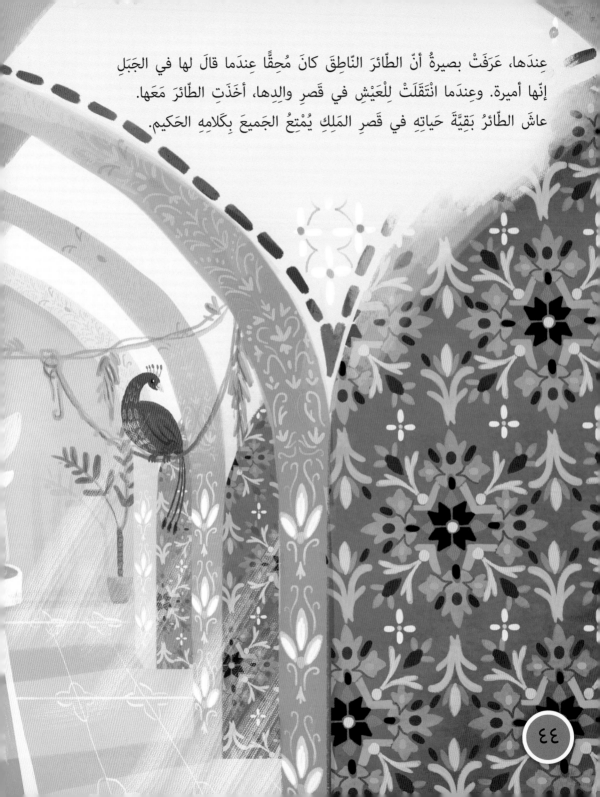

عِندَها، عَرَفَتْ بصيرةُ أنّ الطّائرَ النّاطِقَ كانَ مُحِقًّا عِندَما قالَ لها في الجَبَلِ إنّها أميرة. وعِندَما انْتَقَلَتْ لِلْعَيْشِ في قَصرِ والِدِها، أخَذَتِ الطّائرَ مَعَها.
عاشَ الطّائرُ بَقِيَّةَ حَياتِهِ في قَصرِ المَلِكِ يُمْتِعُ الجَميعَ بِكَلامِهِ الحَكيم.

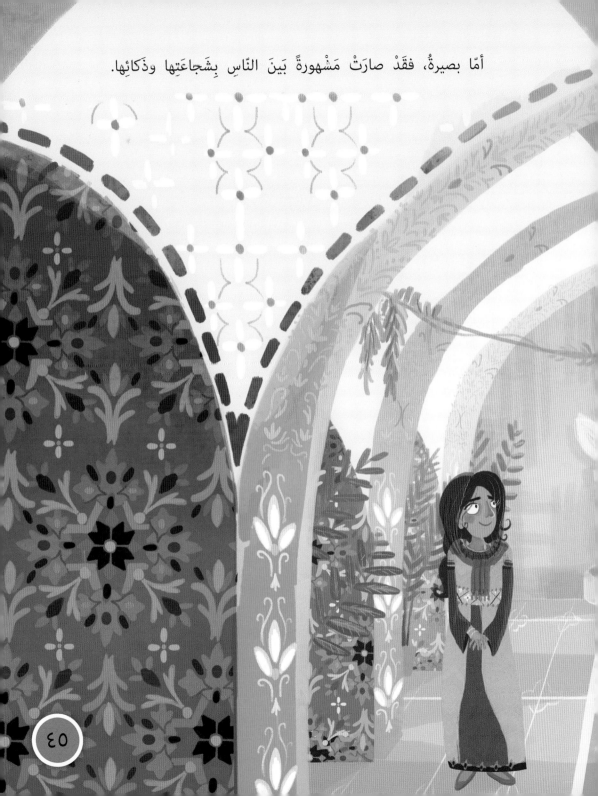

أمّا بصيرةُ، فقَدْ صارَتْ مَشْهورةً بَينَ النّاسِ بِشَجاعَتِها وذَكائِها.

خَريطةُ القِصّة

قَصْرُ المَلِك

كوخُ العَمِّ رَشيد

الشَّجَرةُ الكبيرة
(بيتُ الطّائرِ النّاطِق)
الماءُ المُتَراقِص
الشَّجَرةُ الطَّروب
الجَبَلُ المُظْلِم
رَشيدٍ
في الرِّيف
نارُ الرَّجُلِ العَجوز

أفكار واقتراحات

الأهداف:

- قراءة نصّ روائيّ طويل نسبيًّا بسلاسة.
- توقّع الأحداث في رواية خياليّة.
- التفكير في الدوافع والأسباب وراء الأحداث في رواية خياليّة.
- التعليق على الشخصيّات.
- قراءة المزيد من الكلمات الشائعة بدون تشكيل.

روابط مع الموادّ التعليميّة ذات الصلة:

- مبادئ التعرّف على السرد والرواية.
- التحدّث عن العلاقات العائليّة.

مفردات جديرة بالانتباه: كوخ، عجوز، ناطق، متراقص، فناء، طروب، خنجر، عِقد

الأدوات: ورق، أقلام، الانترنت

قبل القراءة:

- هيّا نصف ما نراه على الغلاف الخارجيّ للكتاب. أين تقف الصبيّة؟ هل تعتقدون أنّها قد تكون بطلة هذه الرواية؟
- هيّا نقرأ العنوان معًا. هل العنوان مشوّق؟ لم هو كذلك؟
- هل تعتقدون أنّها رواية خياليّة أم واقعيّة؟
- في رأيكم، ما هو المقصود بتعبير "الطائر الناطق"؟ ما هو الكائن الحيّ الّذي ينطق، ويتحدّث، ويفكّر؟

أثناء القراءة:

- هيّا نقرأ الفصل الأوّل معًا.